LE DEVOIR DES CATHOLIQUES

LE DEVOIR

DES

CATHOLIQUES

M. L'ABBÉ LE CONTE.

Au Secrétariat de la Société de Saint-Vincent-de-Paul, 25, rue Saint-Nicaise, à Châlons-sur-Marne.

CHALONS

IMPRIMERIE DE T. MARTIN, PLACE DU MARCHÉ-AU-BLÉ, 50.

1874.

LE DEVOIR

DES

CATHOLIQUES

L'histoire du monde n'est que l'histoire de la lutte du bien contre le mal. Chaque siècle, à côté de ses grandeurs et de ses gloires, offre son cortége de misères et de hontes ; mais, depuis l'avénement du Sauveur, jamais peut-être les sociétés n'ont été plus profondément troublées qu'à l'heure présente : dans la vie privée, l'égoïsme s'est érigé en principe ; dans l'ordre social, la famille, flétrie par la dépravation des mœurs, se désagrège de plus en plus par le travail du dimanche ; dans l'ordre politique, les gouvernements périssent frappés ou minés par la Révolution ; enfin, dans l'ordre religieux, et c'est-là le point capital, une lutte sourde ou avouée existe, d'une part entre les sociétés civiles et l'Église, et d'autre part, entre les Catholiques et la multitude de leurs ennemis. Les camps se dessinent, les armées s'observent, la guerre est même ouvertement engagée dans une partie de l'Europe, où la persécution sévit avec acharnement contre les généreux enfants de l'Eglise demeurés fidèles au Christ et à son auguste Vicaire.

Voilà la situation dans son effrayante réalité : nier le péril, ce serait nier l'évidence ; aussi, n'est-il pas un homme sérieux qui n'interroge l'avenir avec inquiétude, et qui n'entrevoie l'abîme fatal vers lequel nous nous précipitons.

Mais il ne suffit pas de constater le danger, il faut encore en rechercher la cause, il faut surtout agir pour le conjurer.

1° Où est le péril?

Le grand mal, n'en déplaise à nos adversaires, philosophes, économistes ou indifférents, le grand mal, c'est l'absence du sentiment religieux. La pensée de Dieu, de l'immortalité de l'âme, des récompenses et des châtiments éternels, tout cela s'est plus ou moins éteint dans les masses : l'esprit chrétien a cessé de présider à nos lois et à nos mœurs; dès lors, le sentiment du devoir s'est émoussé : quand on ne respecte plus le Dieu juste et bon qui rend à chacun selon ses œuvres, on secoue bien vite l'autorité du père de famille, on se révolte contre les gouvernements établis, l'esprit de parti se substitue au patriotisme, l'indiscipline à l'obéissance passive qui fait la force des armées.

Si ces quelques pages n'étaient destinées aux Catholiques, je croirais nécessaire de prouver ces assertions, et la puissance de la vérité me rendrait la tâche facile. Mais je m'adresse à des hommes qui sont Chrétiens et qui ont sondé, à la lumière de la Foi, l'abîme creusé sous nos pas par le scepticisme religieux. Cependant, comme nos maux sont complexes et découlent de sources diverses, on est souvent tenté d'exagérer l'importance de certaines causes au détriment de certaines autres. Or, le point sur lequel il importe le plus d'insister, c'est que la question sociale est bien moins une question politique qu'une question religieuse. Tel ou tel principe gouvernemental, telle ou telle constitution peut contribuer plus efficacement à replacer une nation sur ses bases; aussi le Chrétien ne doit-il point se désintéresser des affaires de son pays ; mais ce serait une erreur de croire qu'un peuple se transforme rapidement sous la main qui le dirige. Sans doute, les sympathies et les fureurs populaires sont mobiles comme le vent des tempêtes, et en quelques jours le *Crucifigatur* peut succéder à l'*Hosanna* des foules enthousiastes ; mais si les revirements d'idées et d'impressions peuvent être brusques et inattendus, les changements profonds, les conversions, en un mot, ne s'obtiennent en général qu'à la suite de longs et pénibles efforts, comme le prouve l'histoire tout entière du Christianisme ; et en cela, d'ailleurs, l'ordre de la Grâce est conforme à l'ordre de la nature. Aussi, Notre-Seigneur lui-même, pour éclairer notre zèle et consoler nos travaux, a voulu que la victoire de l'Église sur le monde fût seulement le fruit éloigné de sa divine mission, et ne s'accomplît qu'à la faveur de plusieurs siècles. N'espérons donc point qu'un gouvernement, quelque catholique qu'on le suppose, puisse réaliser en un court délai ce que le Sauveur n'a point fait pendant les trente-trois années de sa vie mortelle : il pourra produire de bonnes lois, supprimer des scandales ; atteindra-t-il les âmes ? replacera-t-il dans les consciences le sentiment du devoir, l'esprit de sacrifice ? en un mot, pourra-t-il refaire l'âme et le cœur d'une nation ? La solution dernière du problème n'est point, en réalité, dans la question politique ; il faut aller plus loin, et chercher le remède dans une puissance qui ne commande point au corps, mais aux intelligences et aux volontés. Cette puissance unique, c'est l'Église, l'Église qui peut être aidée par les pouvoirs humains, mais qui peut aussi s'en passer, parce qu'elle leur est supérieure et qu'elle a reçu les promesses éternelles. Le devoir des gouvernements est bien d'assurer sa liberté et de la protéger ; mais comme une triste expérience nous a révélé leur fragilité et leur inconstance, le devoir des Catholiques est de travailler pour l'Église, sans trop compter sur les pouvoirs civils.

La logique nous force donc à conclure que la question

religieuse prime de beaucoup la question politique : c'est elle qui domine la situation.

Mais cette vérité nous conduit à une autre conclusion non moins importante, c'est que le salut des sociétés est entre les mains des Catholiques. Nous sommes le petit nombre, et cependant Dieu nous a choisis pour la grande œuvre de la régénération sociale : nous ne saurions concevoir une plus noble mission ; mais par cela même que nous en sommes investis, nous assumons une large part de responsabilités et de devoirs.

2° Le Devoir des Catholiques.

Quels sont donc les devoirs des Catholiques ?

J'arrive enfin à mon sujet, je passe de la théorie à l'application. C'est le grand pas que l'Église voudrait voir franchir à la plupart de ses enfants, qui sont Chrétiens pour eux, mais qui ne le sont point assez pour les autres. Ne voyons-nous point tous les jours des hommes qui raisonnent admirablement sur la situation, et qui demeurent simples spectateurs de la lutte sociale? On reçoit le matin son journal, et certes un excellent journal; on lit avec ardeur les meilleurs articles, on déplore les progrès du mal, on gémit, puis on laisse avec un soupir tomber de ses mains la feuille catholique, et tout est fini! On a droit de compter parmi ceux qui pensent bien : compte-t-on parmi ceux qui agissent bien? Et cependant toute l'économie du Catholicisme repose dans l'action : il a eu pour auteur un Dieu qui a commencé par agir avant d'enseigner : *Cœpit facere et docere*, pour propagateurs des hommes qui se sont consumés dans les labeurs de l'apostolat, et qui ont proclamé que la Foi sans les œuvres est une Foi morte.

La Religion Catholique est donc une religion d'action. Mais ce devoir du zèle peut devenir plus ou moins impérieux selon les circonstances extérieures et le milieu dans lequel Dieu nous a placés. Je développe ma pensée, en prenant un terme de comparaison dans le précepte de l'aumône, tel qu'il résulte des principes certains de la théologie. L'Église nous enseigne qu'il est plus ou moins strict, selon les besoins du prochain ; et, pour mieux préciser, elle distingue entre la nécessité commune, la grave et l'extrême nécessité. La nécessité commune est celle des pauvres qui se procurent difficilement de quoi vivre : chacun est tenu de leur faire l'aumône sur son superflu. La nécessité grave est celle d'une personne qui vit si péniblement qu'elle est en danger de perdre la santé ou de contracter une maladie dangereuse : nous sommes tenus de lui venir en aide, au prix même de quelques sacrifices sur les biens nécessaires à notre condition. Enfin l'extrême nécessité est celle d'une personue réduite à une telle misère, qu'elle est exposée à perdre la vie sans un secours étranger : nous lui devons l'aumône aux dépens de tout ce qui n'est point rigoureusement nécessaire à notre propre vie.

Ces données, absolument vraies lorsqu'il s'agit de la charité matérielle, éclairent d'une vive lumière le devoir des Catholiques en présence de cette misère morale des intelligences et des cœurs, qui est bien plus effrayante que la misère physique. Et, ici, l'obbligation de conscience est d'autant plus sérieuse, que l'âme l'emporte sur le corps, les biens de l'éternité sur les biens du temps. Or, comment ne point reconnaître qu'un grand nombre de nos frères se trouvent, par rapport à la vie morale, dans cet état de grave et même d'extrême nécessité dont parlent les théologiens? Sans doute c'est par leur faute qu'ils sont déchus, car Dieu ne refuse sa grâce à personne, mais ils n'en sont pas moins malheureux : leur volonté est frappée d'un tel aveuglement, qu'ils périssent sans même demander le pain de la vérité qui leur rendrait la vie et la santé. La mauvaise presse, les spectacles impurs, le travail du dimanche, en atrophiant le sentiment religieux, ont distillé à profusion le venin délétère de l'impiété et du sensualisme, qui circule dans tous les membres du corps social. Nous nous trouvons en présence d'une calamité publique, plus alarmante que les pestes et les famines. Cette situation crée donc pour nous un devoir de charité plus impérieux que jamais, celui de voler au secours de nos frères, et de leur tendre une main amie. Tous les Catholiques le comprennent-ils? Ah! si, agenouillés au pied du Crucifix, le regard fixé sur les plaies du Sauveur, ils s'interrogeaient sincèrement sur leur mission et sur leurs devoirs, n'entendraient-ils point une voix intérieure qui leur dirait : Il y a mieux à faire que de regarder périr les sociétés et de verser des larmes : il faut agir pour les sauver! Puissions-nous tous répondre à cet appel divin, et prendre enfin la résolution de servir efficacement la cause de l'Église !

3° L'Association catholique.

Mais que faire ? Quels moyens puissants avons-nous donc à notre disposition pour résister au torrent? Le grand moyen, et Jésus-Christ lui-même l'a indiqué, c'est l'union, c'est l'Association. Nous devrions toujours avoir présentes à la pensée ces paroles du Sauveur : « Quand vous serez » réunis deux ou trois en mon nom, je serai au milieu » de vous; » et aussi, cette prière suprême qu'il adressait à son Père pour ses fidèles disciples : « Mon Père, » qu'ils soient Un, comme nous sommes Un ! » L'union dans la prière, l'unité dans l'action, voilà toute la force des Catholiques. Et, en prêchant cette vérité aux grands et aux petits, aux pasteurs et aux fidèles, l'Eglise affirme dans l'ordre surnaturel ce qui est également vrai dans l'ordre naturel, à savoir que l'homme ne peut rien tenter de grand ni de durable sans l'Association.

L'homme n'est point un être isolé : Dieu l'a créé pour

vivre en société, et il lui a donné des organes, des aspirations et des besoins qui l'appellent à rechercher ses semblables. C'est par l'Association que les familles se constituent, que les cités s'élèvent, que la terre se couvre d'abondantes récoltes, que l'industrie, les arts et la littérature brillent de tout leur éclat. Les individus sont impuissants, mais par leur union ils acquièrent une grande force, semblables à ses fils fragiles qui, soudés les uns aux autres, soutiennent au-dessus des abîmes ces ponts hardis que la main de l'homme a suspendus dans l'espace.

Comment s'étonner que l'Association soit la grande loi de l'humanité dans l'ordre moral et surnaturel ? L'Eglise, qui est la première de toutes les sociétés, n'est autre chose qu'une Association divine ayant à sa tête Jésus-Christ, et réunissant dans son sein toutes les intelligences qui appellent Dieu, et tous les cœurs qui battent pour le Ciel. Elle nous apparait donc comme le plus sublime idéal de l'Association, qui, par la volonté divine, est devenue, en quelque sorte, le canal de la Grâce en ce monde. Et comme elle est notre modèle, elle nous montre à quel moyen nous devons recourir. D'ailleurs, en faisant même abstraction des célestes promesses attachées à l'action commune, quel principe incomparable de puissance et de succès dans cette union d'hommes, divers par le caractère et par les habitudes, se prêtant les uns aux utres ce qui leur manque, et corrigeant leurs mutuels défauts par le contact de leurs mutuelles qualités ! Le faible s'appuie sur le fort, comme le lierre sur le chêne séculaire à la faveur duquel il s'élève : l'homme d'action demande sa voie à l'homme de conseil ; enfin, dans les heures d'épreuve, et elles sont nombreuses, l'âme brisée se retrempe et se console dans la communion d'âmes fortes et compatissantes. Dites aux chrétiens les plus convaincus de travailler à la cause du bien, chacun selon son attrait et sa méthode : ils prieront, sans doute, ils feront quelques démarches isolées ; mais, en général, leur zèle sera de courte durée, ils s'arrêteront aux premiers obstacles, et reconnaîtront avec douleur la faiblesse et l'insuffisance de leur action. Groupez, au contraire, ces mêmes hommes ; mettez sur leurs lèvres et dans leur cœur une prière identique ; donnez-leur un commun objectif ; réunissez-les à certains jours, pour les envoyer ensuite travailler aux mêmes œuvres, et cela, sous une même bannière ; vous aurez créé une force qui résistera aux plus puissants obstacles, parce qu'elle s'appellera Légion.

Les Associations catholiques sont donc l'arme providentielle que Dieu nous a donnée pour les luttes actuelles. Mais de quelles Associations voulons-nous parler ? Il ne s'agit point évidemment des sociétés qui tiennent aux entrailles mêmes de l'Eglise, et qui font partie de sa constitution, comme les diocèses et les paroisses : celles-là servent de type à toutes les autres, et les vivifient de leur inépuisable sève. Nous parlons d'autres Associations que les circonstances ont rendues nécessaires, parce que de nouveaux besoins se sont produits et que nos ennemis se sont disciplinés pour généraliser et combiner leurs attaques.

La rapidité prodigieuse des communications et les progrès inouïs de la presse ont détruit l'esprit local et créé de grands courants d'idées et d'aspirations qui ne s'arrêtent plus aux limites d'une province ou d'un empire, mais qui tendent à embrasser les nations elles-mêmes dans une vaste centralisation intellectuelle. C'est ainsi que la Révolution a fait le tour du monde, et que les sociétés secrètes ont étendu leur réseau jusqu'aux extrémités de la terre.

Les Catholiques, avouons-le, n'ont pas toujours été à la hauteur de la situation, et il s'est trouvé que les enfants de lumière ont été moins prudents que les enfants de ténèbres. Que leur a-t-il manqué ? Le nombre des fervents, peut-être, mais surtout l'esprit d'union et de discipline. Comment lutter isolément contre des sociétés internationales, qui font converger, avec un merveilleux ensemble, l'action, l'influence et l'argent de leurs membres, vers le but qu'elles se sont proposé? A ces grandes ligues de l'esprit philosophique et révolutionnaire, il est nécessaire d'opposer d'autres ligues, et de faire appel, non-seulement à ceux qui représentent l'Eglise, et qui demeurent ''élément dirigeant, mais encore à toutes les forces vives du Catholicisme. Il faut donc des Associations, dans lesquelles le jeune homme, l'homme mûr et le vieillard trouvent leur place, et qui fournissent à chacun le moyen d'appliquer et d'utiliser ses aptitudes.

C'est la vérité pratique que les vrais chrétiens ont commencé à mettre en application, et c'est un honneur pour notre siècle d'avoir donné au monde des Associations qui embrassent tous les besoins de l'humanité : les unes se sont consacrées aux soins des pauvres et des malades, les autres à la préservation religieuse de l'enfant, de l'ouvrier, du soldat; d'autres enfin, à la réhabilitation de la famille chrétienne, à la diffusion des bonnes lectures; en un mot, chaque fois qu'un besoin nouveau a surgi, le Christianisme a su grouper des hommes et des ressources pour y faire face ; et en suscitant des dévouements, il a travaillé à une œuvre non moins importante, le rapprochement des classes sociales, divisées par l'égoïsme et la défiance.

Les sociétés catholiques ont déjà produit un grand bien ; mais comme leur action eût été plus étendue et plus efficace, si tous les hommes de foi s'étaient enrôlés sous leurs bannières ! Elles sont assez variées assurément, pour qu'il soit inutile d'en créer de nouvelles ; mais comptent-elles assez d'adhérents? Combien de chrétiens se tiennent encore à l'écart des œuvres collectives ? S'ils savaient s'unir, ils décupleraient leurs forces, et les Associations catholiques deviendraient alors le salut de la société : elles opposeraient du moins, aux efforts du mal, une formidable résistance, car l'armée du bien compense l'inégalité du nombre par la toute-puissance de la Grâce divine qui lui est acquise, et par l'esprit de sacrifice qui anime ses soldats.

Enfin, il résulte de l'union des Catholiques un avantage non moins précieux, le bien qu'ils se font à eux-mêmes. Lorsqu'on a contracté une sainte alliance au nom de Jésus-Christ, pour porter secours à ceux qu'il aime, comment ne pas le voir dans l'humble réduit du pauvre ou du malade, comment ne point le reconnaître sous les traits de l'enfant, du jeune homme à qui l'on donne son temps et son cœur ? Et comme la charité envers Dieu a pour compagne inséparable la charité envers les hommes, les chrétiens, en apprenant à mieux servir Dieu, apprennent aussi à s'aimer entre eux dans ces pieuses réunions où l'on se donne le nom de frères. On en sort toujours meilleur : le jeune homme profite de l'expérience de l'homme mûr ; le vieillard, assis près de l'adolescent, retrouve pour le bien sa chaleur d'autrefois, car la charité est toujours jeune. Alors ces Catholiques, identifiés par l'amour de l'Eglise et de leurs frères, deviennent des hommes utiles, dévoués et pratiques, en un mot, des hommes d'œuvres, des hommes de ressource pour toutes les bonnes causes : ils rappellent les premiers fidèles qui, au sein d'un monde corrompu, se réunissaient pour servir Dieu dans la charité, et qui convertissaient leurs ennemis par le spectacle de leur mutuel amour.

L'Association catholique nous apparaît donc comme le moyen providentiel que Dieu nous a fourni pour lutter contre les innombrables légions de l'impiété et de la Révolution ; et l'Eglise, par l'organe de son auguste Pontife et de ses Évêques, ne cesse de nous enseigner cette vérité. Notre mission est une mission de combat ; mais que personne ne s'en effraie, car, si nous avons entre les mains une arme puissante et pénétrante, elle a pour singulier privilége de guérir ceux qu'elle atteint ; c'est l'arme de la charité, qui agit avec force et douceur, *suaviter et fortiter*. Cette divine vertu unit entre eux les combattants, et, quant aux adversaires, loin de les briser et de les terrasser, elle n'aspire qu'à les relever et à les enrôler dans ses propres phalanges. C'est à ce combat d'un genre nouveau que la Foi et la raison catholique nous convient ; nul chrétien ne saurait le nier. Mais de la théorie à une résolution pratique et efficace il y a une distance qu'il est difficile de franchir : on comprend, on admet la nécessité de l'action commune, mais chacun invoque des raisons, en apparence péremptoires, pour s'exempter de servir dans l'armée active du Catholicisme. Ces objections qu'on présente souvent de bonne foi et qui arrêtent des efforts généreux, je voudrais les analyser successivement, en démontrer la faiblesse, et attaquer ainsi, dans ses derniers retranchements, cet esprit de timidité et d'isolement qui nuit tant à la cause religieuse.

Objections.

Les objections qu'on a coutume de formuler peuvent se grouper sous trois chefs principaux : la situation et les dispositions individuelles, les devoirs de famille et de société, enfin, les difficultés et la stérilité relative des œuvres Catholiques.

I

Que de fois, en cherchant à faire du prosélytisme auprès d'hommes sincèrement religieux, on provoque cette réponse : J'admire et j'estime profondément les œuvres collectives et ceux qui s'y dévouent, mais je ne me sens aucune aptitude pour y prendre part, je ne me reconnais pas le savoir-faire indispensable pour réussir ; aussi mon concours, loin d'être utile à l'Association, ne serait pour elle qu'une gêne et qu'un embarras.

L'humilité est une vertu inappréciable, elle est même le fondement de la charité. Toutefois, elle ne doit pas engendrer une défiance exagérée de soi-même, et dût-on faire quelques écoles dans les œuvres de zèle, l'humilité gagnerait elle-même à ces premiers échecs. Mais l'homme de bonne volonté qui s'inscrit sous une bannière catholique a droit à des grâces spéciales ; et quand même il n'apporterait point une intelligence exceptionnelle, il trouvera toujours dans son cœur des ressources inépuisables, qui lui rendront doux et facile le noviciat de la charité. D'ailleurs, dans toute société, on proportionne la tâche de chacun à son aptitude, et les fonctions les plus obscures n'en concourent pas moins au bien général.

D'autres, au lieu d'alléguer leur inaptitude relative, se retranchent dans des circonstances spéciales : Je suis trop jeune, dira celui-ci, j'ai besoin d'acquérir quelque expérience avant d'embrasser la vie des œuvres ; le moment n'est pas encore venu.

Que dites-vous ? Eh ! précisément parce que vous êtes jeune, parce que votre cœur de vingt ans a besoin d'alimenter sa noble et généreuse ardeur, vous devez plus que tout autre vous lancer résolument dans la voie du bien. Ne craignez point de consacrer trop tôt à Dieu la fleur de votre adolescence. « Faisons le bien pendant que nous en avons le » temps. »

Voici maintenant l'objection d'un autre âge : J'ai déjà fourni une longue carrière. Fidèle à l'honneur, je ne l'ai pas toujours été à la loi de l'Eglise ; ma place n'est point dès lors dans la phalange d'élite ; puis comment, à cinquante, à soixante ans, me créer de nouvelles habitudes ? Je serai l'exemple de ma paroisse, mais je ne puis faire davantage.

Disons tout d'abord que les Associations catholiques ne doivent point être considérées comme des assemblées de saints, ce serait vouloir une démission en masse, mais bien comme des sociétés destinées à sanctifier leurs membres. Elles ouvrent donc leurs rangs au chrétien converti, et elles n'aspirent qu'à multiplier les conversions, pour multiplier leurs prosélytes. Quant à la difficulté de changer ses habitudes, de se faire apôtre au milieu ou à la fin de sa carrière, résiste-t-elle au précepte de la perfection chrétienne qui nous a été donné par le Sauveur lui-même ? Vous avez la Foi, vous convenez que l'union des catholiques est plus nécessaire que jamais : y refusez-vous votre concours, par cette seule raison que vous ne l'avez point donné jusqu'alors ? L'ouvrier de la onzième heure ne doit-il point travailler, comme celui de la première, pour mériter le denier du père de famille ?

II

Aux objections personnelles s'en joignent d'autres plus sérieuses, tirées des devoirs de famille et de position. Je demande la permission de les discuter une à une.

Un très-grand nombre d'hommes, pour demeurer étrangers aux Associations catholiques, s'appuient sur leurs obligations de famille : Je suis marié, dit-on, je me dois à ma femme et à mes enfants, et comme mes occupations habituelles me retiennent loin d'eux, je ne puis faire moins que de leur consacrer mes soirées et mon dimanche.

Assurément les liens de famille sont souverainement respectables, et l'on ne saurait trop les resserrer dans une société qui périt parce que le foyer paternel n'est plus une école d'autorité et de charité. Mais cette précieuse intimité sera-t-elle compromise par cette heure ou par cette couple d'heures que les œuvres de zèle ravissent chaque semaine à la causerie du soir ou du dimanche ? S'il se présente quelque réunion scientifique ou artistique, ou bien une distraction à la mode, sera-t-on toujours aussi scrupuleux à l'égard du séjour au foyer domestique ? On se permettra maintes absences que nul n'oserait blâmer, mais qu'un motif surnaturel ne transforme point en actes de vertu. Pourquoi donc ne ferait-on pas une part égale aux assemblées qui ont pour but Jésus-Christ et les âmes ? D'ailleurs l'union de la famille a pour base, moins le commerce continuel de ses membres que l'estime et la charité mutuelle : voilà les deux sentiments qui en assurent la solidité et la sainteté. Or, si l'épouse chrétienne souffre dans sa tendresse quand son mari s'éloigne pour aller servir la cause de Dieu, elle sent grandir son estime et son affection pour lui en proportion de ses sacrifices, et quand elle le voit revenir fortifié par la pratique du bien et comblé des bénédictions du pauvre, elle ne regrette plus ses instants de solitude. Croyez-vous que les liens de famille aient souffert ce jour-là?

Toutefois, ce n'est point seulement l'époux, c'est le père qui oppose souvent une fin de non-recevoir. Il lui faut, dit-il, rester au milieu de ses enfants, les environner de ses conseils, diriger leur éducation, présider à leurs divertissements.

Sans doute, le père a reçu de Dieu cette noble mission, et il ne saurait trop faire pour s'en acquitter dignement. Mais ce qui pèche dans les meilleures éducations, c'est que, tout en donnant la première place à la question religieuse, on forme peu les enfants à l'esprit de sacrifice qui seul fait les hommes et les chrétiens énergiques. Or, la meilleure prédication et le moyen le plus efficace de leur inculquer ce généreux sentiment, c'est l'exemple. Aussi le père travaille-t-il puissamment à l'éducation des siens, quand, à certains moments, il se soustrait à leur société pour aller où Dieu l'appelle. Ils se souviendront plus tard, aux jours de la tentation et de l'épreuve, que leur père était un homme de foi et de sacrifice, et ce souvenir leur restera comme un bouclier contre l'esprit de sensualisme qui envahit nos mœurs. Puis quand l'enfant sera devenu jeune homme, il se fera un honneur de suivre ce père dans les voies de la charité : lui aussi s'arrachera aux délices du foyer maternel, pour aller, sous les auspices de saint

Vincent-de-Paul, s'entretenir de ceux qui n'ont ni foyer, ni pain, ni vêtement. Or, je le demande aux parents de bonne foi, cette heure passée loin de la famille ne vaut-elle point pour l'avenir de leurs fils des soirées entières écoulées en leur compagnie ?

Répondons maintenant à l'objection tirée des devoirs de société. Chacun a ses relations qu'il est obligé de cultiver en raison même de sa position, et qu'il ne saurait négliger sans contrevenir à ses intérêts de famille, à la politesse, et même à la charité qu'on doit apporter dans les rapports avec le monde : le temps suffit à peine à ces obligations ; serait-il raisonnable d'en embrasser de nouvelles ?

Nous dirons tout d'abord que notre premier devoir de société est précisément de travailler au salut de cette même société qui périt par l'affaiblissement du sens chrétien. N'est-il pas vrai que si nous voyions un de nos frères sur le bord d'un précipice, nous songerions avant tout à lui tendre la main ? Ce serait donc se faire une étrange illusion sur le devoir social que de préférer un entretien honnête, mais généralement stérile, à un conseil, à une démarche qui peut décider de l'éducation d'un enfant, de la réhabilitation d'une famille, du salut d'une âme. Au reste, les relations sociales chrétiennement comprises, loin de s'opposer aux œuvres de charité, peuvent leur prêter un puissant concours. Donnez à vos conversations une direction élevée, profitez de votre position pour recruter des membres aux Associations catholiques ; abrégez seulement certaines discussions interminables et inutiles, et, sans négliger aucun devoir de société, vous trouverez le temps de vous acquitter du plus grand de tous, le devoir envers les âmes.

Il demeure donc acquis que les obligations de famille et de société ne sauraient être un obstacle insurmontable. Mais les devoirs d'état, est-il aussi facile de s'y soustraire ? N'imposent-ils point de longs et pénibles travaux, et, d'autre part, ne commandent-ils point parfois une réserve incompatible avec le drapeau d'une Société catholique ?

Si l'on pose la question de temps, il faut avouer qu'elle est très-sérieuse pour un grand nombre d'hommes absorbés par les devoirs de leurs carrières. Cependant, qui ne saurait se ménager quelques heures de loisir ? Hâtons-nous aussi d'ajouter que, dans les Associations, chacun jouit d'une juste et fraternelle liberté et concourt dans la mesure de son pouvoir à l'œuvre commune. Celui qui a beaucoup donne beaucoup ; celui qui a peu donne peu, mais il donne de bon cœur, et les courts instants qu'il a soustraits à ses travaux n'en sont que plus précieux devant Dieu, parce qu'ils sont le fruit d'un sacrifice. D'ailleurs, remarquons-le en passant, ce sont en général les hommes les plus occupés qui trouvent encore le moyen de se rendre le plus utiles ; connaissant le prix du temps, ils s'ingénient à se créer des loisirs pour les employer à faire le bien.

Que si l'on invoque la raison de prudence comme devant éloigner des œuvres certains fonctionnaires publics, nous distinguerons entre cette prudence du siècle qui incline vers les conseils timides, et la prudence chrétienne qui se montre généreuse et indépendante. Les Associations catholiques ont arboré un drapeau exclusivement religieux : la politique en est absolument proscrite, et tout le monde peut se convaincre qu'elles demeurent fidèles à leur programme, car, à la différence des sociétés secrètes, elles travaillent au grand jour, sans rechercher la faveur, mais sans redouter les jugements du monde. Ce qui prouve enfin d'une façon péremptoire qu'elles n'ont aucun caractère politique, c'est qu'elles sont composées d'hommes appartenant à des partis bien différents.

Mais je sais que l'évidence ne désarmera point la calomnie de nos adversaires, et nous devons convenir que les Sociétés catholiques pourront être attaquées et persécutées dans l'avenir, comme elles l'ont été dans le passé. Est-ce une raison qui doive éloigner de leur sein le magistrat, l'administrateur, le militaire ? En un mot, quand toutes les forces catholiques suffisent à peine pour conjurer le péril social, faudrait-il que des craintes personnelles tinssent à l'écart l'élite d'une nation ? Toutefois, ce danger éventuel ne serait-il point lui-même éloigné, si l'élément intelligent et dirigeant de la société était puissamment représenté dans nos saintes ligues ? Un gouvernement oserait-il facilement les attaquer, si, pour les frapper, il fallait frapper tout ce qu'il y a de catholique dans un peuple ? Il est donc évident qu'une Association se consolide en raison directe, non-seulement du nombre, mais aussi de la qualité des éléments qui la constituent ; et à son tour, la force de cette société devient la sécurité de ses membres.

Mais admettons un instant l'hypothèse la plus défavorable : supposons qu'un jour les œuvres catholiques attirent à leurs adeptes les disgrâces du pouvoir. Sommes-nous foncièrement chrétiens ? Nous trouverons dans nos cœurs cette réponse de l'Apôtre : « Si je cherchais encore à plaire aux hommes, je ne serais plus le serviteur de Jésus-Christ. » Et si le monde promettait à nos complaisances une brillante carrière, nous n'oublierions pas que nous avons aussi une autre carrière à fournir, celle qui mène au Ciel ; nous répéterions avec fierté, le vieil adage si chrétien et si français : Fais ce que dois, advienne que pourra !

A côté des devoirs d'état et de position se place la grave question des affaires. Les affaires ! voilà bien le gouffre universel qui absorbe l'intelligence, l'activité, le temps et la santé d'un si grand nombre. La vie des affaires est aujourd'hui la vie commune ; l'argent est devenu le grand objectif, et pour atteindre la fortune on ne recule devant aucun sacrifice : *Quid non mortalia pectora cogis, Auri sacra fames !*

Les Chrétiens eux-mêmes ne sont point exempts de cette

préoccupation exagérée des affaires. A en entendre plusieurs, ils seraient heureux de se consacrer aux bonnes œuvres, mais ils n'en ont point le temps. Ainsi, les journées, les nuits ne leur suffisent pas pour vaquer aux soins de ce monde, et ils ne sauraient trouver quelques instants pour aller s'édifier dans la compagnie de leurs frères et consoler quelques affligés ! J'ajouterai encore un mot, et dût-on traiter mon affirmation de paradoxale, je soutiens que plus ils sont occupés de leurs affaires, plus ils ont besoin de se donner aux œuvres de Dieu : il faut un juste équilibre entre nos facultés et nos aspirations ; et quand l'intelligence et l'activité humaines se confinent exclusivement dans le cercle des soins terrestres, le cœur se dessèche, l'âme se replie sur elle-même, au lieu de s'élever vers les horizons plus purs de la vertu, du dévouement et des récompenses éternelles. Le Chrétien lui-même doit donc se mettre en garde contre la séduction de la fortune, et, plus il est sollicité par les affaires temporelles, plus il doit se rappeler cette parole tombée des lèvres du Sauveur : « Marthe, Marthe, » vous vous inquiétez d'une foule de soins : or une seule » chose est nécessaire ! *Porrò, unum est necéssarium !* » Que le disciple du Christ recherche, s'il lui plaît, les biens de ce monde ; mais avant tout qu'il s'amasse dans le Ciel des trésors que la rouille ne ronge point, et que les voleurs ne dérobent point !

III

Enfin j'aborde la dernière objection, empruntée à la stérilité relative des Œuvres catholiques dans les circonstances présentes.

Depuis quarante ans, dit-on, nous avons vu surgir un grand nombre d'Associations religieuses ; nous avons été témoins du zèle et de la persévérance de leurs membres. Ont-ils amélioré la société ? exercent-ils une influence sérieuse sur les masses ? La disproportion entre les efforts tentés et les résultats obtenus semble indiquer qu'il vaut mieux attendre pour agir des circonstances plus favorables.

Il est malheureusement trop vrai que la mission des Catholiques est pleine de difficultés et d'épreuves : ils travaillent sur un sol ingrat, où la semence reste souvent inféconde. Mais faudrait-il déserter la cause à l'heure du plus grand péril ? On se plaint de la décadence des idées et des mœurs : que serait-ce si les Sociétés religieuses ne retardaient la chute dans l'abîme par leur perpétuelle protestation et par leurs constants efforts ? Que tous les hommes de bonne volonté leur viennent en aide au lieu de gémir sur les progrès du mal, et peut-être ce renfort fera-t-il pencher la victoire vers la cause du bien. Dieu tient les cœurs dans sa main, et il est assez puissant pour récompenser le dévouement et la persévérance des Chrétiens.

Mais en admettant même que nous ne parvenions point à convertir notre pays, il est pour nous un devoir sacré, c'est de sauver les âmes que Dieu a placées sur notre chemin. Quand au fort de la tempête on désespère du navire, ne fait-on pas des efforts inouïs pour recueillir dans une barque ou sur une dernière épave les infortunés qui vont périr ? Et quand on a le bonheur d'en arracher quelques-uns à la mort, regrette-t-on les fatigues et les périls auxquels on s'est exposé ? Les Chrétiens seraient-ils moins touchés du sort des âmes que le Sauveur a rachetées de son sang, et qui se perdent pour l'éternité ? Ils savent qu'en unissant leurs prières et leurs efforts ils en sauveraient au moins quelques-unes ; et ils trouveraient ce résultat indigne de leur zèle ! Se montreraient-ils alors les vrais disciples de Jésus-Christ qui, selon le sentiment de l'Eglise, serait mort sur la Croix pour une seule âme ?

Il ne faut donc point nous décourager si notre action demeure souvent circonscrite dans un cercle trop étroit.

Les conversions en masse, disons-le de nouveau, sont des miracles dont le Seigneur a pu favoriser un saint Pierre, un saint Paul, un saint Francois-Xavier ; mais elles constituent des exceptions dans la conduite ordinaire de la Providence.

D'ailleurs, ceux qui s'affranchissent des OEuvres catholiques, sous prétexte qu'elles sont stériles, sont-ils conséquents avec eux-mêmes? Ils voient la compagne que Dieu leur a donnée consacrer son activité, ses veilles et sa santé à élever un fils bien-aimé ; ils se dévouent eux-mêmes à cette œuvre importante ; et quand ils ont donné un chrétien à l'Eglise et un citoyen à l'Etat ils croient leur mission accomplie ; et, en effet, ils ont rempli une grande tâche. Mais alors ils n'ont point le droit de refuser leur concours à ceux qui n'atteignent point encore les masses, mais qui ouvrent aux individus le chemin du Ciel.

Et puis, il y a dans cet effort suprême des Catholiques quelque chose qui touche jusqu'au fond de l'âme l'homme qui a le vif sentiment de l'honneur et que les grandeurs morales ont encore la vertu d'émouvoir. Ce n'est presque plus pour lui un sacrifice, c'est un besoin d'aller revendiquer sa place parmi ces vaillants soldats qui demeurent fidèles au drapeau du Christ malgré toutes les défaillances, maintenant leurs positions en face d'un ennemi cent fois supérieur, et protestant bien haut que le droit prime la force. C'était une gloire pour les Basile, les Chrysostôme et les Grégoire d'élever leurs voix de géants au milieu de la décadence universelle, et de montrer dans le Christianisme le salut des sociétés.

Mais, à Dieu ne plaise que, dans les luttes actuelles, notre sort soit comparable à celui de ces héroïques soldats qui, le soir d'une bataille perdue, préféraient mourir plutôt que de se rendre ! La cause de notre société française est loin d'être désespérée. La religion a déjà fait de grandes choses parmi nous : à des générations impies et dissolues elle a opposé des générations pures et chrétiennes ; et, tout en gémissant sur les égarements du grand nombre, nous nous consolons en voyant maintenant à tous les degrés de l'échelle sociale, sous la toge du magistrat, sous l'uniforme du soldat comme sous la blouse de l'ouvrier, des hommes qui croient à Jésus-Christ et qui ne craignent point de confesser leur foi. Nous sentons que, dans ces éléments choisis repose l'espérance de la patrie ; et si nous cherchons comment s'est opéré depuis quarante ans le mouvement qui les a fait éclore, nous reconnaîtrons que Dieu l'a surtout produit par les Associations catholiques. Pendant que, sous l'inspiration de l'Eglise, les Diocèses, les Corporations religieuses, les enfants de saint Ignace ouvraient des colléges à la jeunesse française, de nobles Chrétiens se sont unis, sous les auspices de la charité, pour sauvegarder leur propre foi et celle de l'adolescent qui fait ses premiers pas dans le monde ; et, comme la charité est expansive, ils ont pensé à leurs frères déshérités de la fortune ; ils ont fondé des écoles, des patronages, des cercles d'ouvriers, pour conserver à Dieu et à la patrie l'enfant du pauvre ou le fils de l'artisan. Quel spectacle que saint Ignace et saint Vincent de Paul s'alliant pour le salut de la France !

Dites encore que les Catholiques n'ont travaillé jusqu'alors que pour les minorités. Soit ! Mais c'est bien quelque chose d'avoir fait tomber les barrières du respect humain, d'avoir placé des Chrétiens dans l'armée, dans les carrières libérales et dans les ateliers, et d'avoir répondu à la mauvaise presse en inondant le pays de bonnes lectures. Les Catholiques sont toujours en minorité, avez-vous dit ; il y a cependant des minorités qui deviennent des majorités. A vous de les aider pour accomplir cette révolution pacifique !

Je me suis efforcé de parcourir et de résoudre une à une

les nombreuses objections qui arrêtent tant d'hommes estimables sur le chemin des bonnes œuvres. La tâche, je le confesse, était bien au-dessus de mes faibles forces. Mais qu'on pèse uniquement sous le regard de Dieu la valeur de ces diverses objections et l'on reconnaîtra bien vite qu'elles doivent s'évanouir en présence du péril social. On comprendra, d'une part, que les Associations catholiques sont nécessaires pour le conjurer, et, d'autre part, que tous y peuvent, y doivent trouver leur place.

Quel obstacle viendrait donc encore paralyser notre bonne volonté ? Un dernier, mais plus fort et plus réel que les précédents. Celui-là, nous n'osons nous l'avouer à nous-mêmes ; je demande la permission de le dévoiler à mon tour : c'est l'absence de l'esprit de sacrifice.

Nous vivons dans un siècle si matérialiste, nous respirons une atmosphère si imprégnée de sensualisme, que nous en subissons plus ou moins l'influence. Nous voulons rester Chrétiens, mais nous aimons nos aises et notre plaisir, et, quand le strict devoir est accompli, nous refusons de nous imposer une contrainte qui gêne notre liberté ; en un mot, nous voulons trop concilier Dieu avec le monde. Nous reculons devant quelques sacrifices de temps, d'humeur et de plaisirs, quand la société se meurt d'égoïsme !

J'ai posé la grande objection ; mais celle-là Dieu seul peut la résoudre en soufflant dans nos âmes l'esprit d'abnégation et de dévouement. Le dévouement répugne à notre sensualité et à nos passions, mais il est le triomphe de la Grâce sur la nature ; il élève le Chrétien, en faisant de lui l'homme de son devoir et l'homme de ses frères ; il est la base et la condition de toutes les Associations catholiques, qui n'ont d'autre raison d'être que la charité. Faire un appel en leur faveur, c'est donc faire un appel à l'esprit de sacrifice. Les nobles cœurs comprendront une question ainsi posée, et ils reculeront d'autant moins qu'on leur demande davantage. D'ailleurs, en se formant à l'école du dévouement, ils comprendront mieux encore que le vrai bonheur de l'homme consiste à donner et à se donner soi-même, selon la parole du Maître : *Beatius est magis dare quam accipere.* *Il y a plus de joie à donner qu'à recevoir.*

9 782012 828629